REFORM OF THE POLITICAL SYSTEM

정치개혁

삼원제 국회 모델 설계

正法

REFORM OF THE POLITICAL SYSTEM

정치개혁

삼원제 국회 모델 설계

I. 한국어 본문(Korean Edition)

정치개혁 – 삼원제 국회 모델 설계

Contents

서 문

우리는 지금 전 세계적으로 정치적 혼란과 제도에 대한 불신이 확산되는 시대를 살아가고 있습니다. 선거는 반복되지만 갈등은 해소되지 않고, 정권은 교체되지만 정당 간의 싸움은 끊이지 않고 그 비용과 피해는 고스란히 국민에게로 돌아옵니다.
이러한 현실 앞에서 많은 사람들은 정치가 제대로 작동하지 않는다고 느낍니다. 그러나 문제는 정치가 멈춰 있기 때문이 아니라, 정치가 어떤 기준과 방식으로 작동하고 있는가에 대한 질문이 충분히 던져지지 않았다는 데에 있습니다.

정치가 국민의 삶에 영향을 미치는 가장 직접적인 경로는 법과 제도입니다. 일상의 규칙, 경제 활동의 조건, 노동과 복지, 교육과 산업의 방향은 모두 법의 형태로 구체화됩니다. 그리고 이 법을 만들고 다듬는 중심 공간이 바로 국회입니다. 다시 말해, 국회는 정치가 국민의 삶으로 번역되는 핵심 통로입니다.

그렇다면 정치가 반복될수록 국민의 삶이 더 나아지지 않는 현실은, 국회라는 이 핵심 통로가 과연 누구의 삶을 기준으로 작동하고 있는지에 대한 질문으로 이어질 수밖에 없습니다.
법은 존재합니다. 그러나 그 법이 국민의 삶과 충분히 맞닿아 있는가. 제도는 만들어지지만, 그 제도가 현장의 경험과 현실을 제대로 반영하고 있는지에 대해서는 끊임없는 점검이 필요합니다.

이 책은 바로 이 질문에서 출발합니다. 정치의 문제를 인물이나 정당의 대립으로 환원하기보다, 법이 만들어지는 구조와 그 과정에 참여하는 주체들을 다시 살펴보고자 합니다.
국회가 국민의 삶과 동떨어진 공간이 아니라, 사회의 다양한 경험과 전문성이 축적되는 장소가 될 수 있는지, 그리고 그를 위해 국회는 어떤 구조로 재설계되어야 하는지를 살펴봅니다.

제 1 부

기존 정당 정치의
역할 전환과 구조적 병폐

제1장

정당 정치의 기능 상실과 국민 희생

1. 정치개혁의 출발점

정치개혁은 정권이나 인물을 바꾼다고 자동으로 해결되지 않습니다. 이는 오랜 시간의 경험을 통해 반복해서 확인된 사실입니다. 그렇다면 점검해야 할 대상은 사람보다 구조일 수밖에 없습니다. 국가가 결정을 내리는 구조가 어떻게 설계되어 있는지, 그 결정이 어떤 절차로 만들어지고 어떤 경로를 통해 작동하는지부터 분명히 살펴보아야 합니다. 이러한 관점에서 정치개혁을 논할 때 가장 먼저 살펴봐야 할 대상은 국회입니다. 법과 제도를 만드는 과정이 흔들리면 행정부의 집행도 사법의 판단도 결국 안정적으로 작동하기 어렵습니다. 국회가 바르게 구성되어 제 역할과 기능을 수행하고 있는지에 대한 점검 없이 정치개혁을 시작하기는 어렵습니다.

이는 대한민국만의 문제가 아닙니다. 세계 각국의 의회 역시 자유

민주주의 체제 속에서 다양한 실험을 거쳐 왔습니다. 의회 구조, 선출 방식, 권력 분산 모델 등 수많은 시도가 있었지만, 아직까지 완성된 국회 모델을 갖춘 나라는 없습니다. 선진국이라 불리는 나라들조차 국회 운영 방식에 대해 시행착오를 반복하고 있습니다.

그럼에도 우리는 이러한 제도들을 사회 변화에 맞추어 충분히 재검토하기보다, 오랜 시간 그대로 유지해 온 측면이 있습니다. 국회가 왜 기대한 역할을 충분히 수행하지 못하는지를 묻기보다, 이미 존재하는 제도를 적용하고 유지하는 데에 더 익숙해져 왔던 것입니다.

이러한 선택이 누적된 배경에는 역사적 조건이 깊게 작용했습니다. 대한민국의 제도 형성 과정은 전쟁 이후의 특수한 조건 속에서 이루어졌고, 당시에는 사회를 빠르게 정비하고 국가 운영 체계를 갖추는 것이 시급했습니다. 그 과정에서 주요 제도와 조직은 장기적 검토와 충분한 실험보다는 해외의 제도와 모델을 참고해 도입될 수밖에 없었습니다. 이는 당시의 조건을 고려하면 불가피한 선택에 가까웠다고 볼 수 있습니다.

그러나 시간이 흐르며 사회와 국가 운영 환경은 크게 변화했음에도, 제도 전반에 대한 근본적인 점검은 충분히 이루어지지 못했습니다. 우리는 정치를 어떻게 정의할 것인지, 국회는 어떤 기능을 수행해야 하는지, 국가 운영의 기준은 어디에 두어야 하는지와 같은 질문을 깊게 다루기보다, 익숙한 틀 안에서 운영을 지속해 왔습니다. 그 결과 정치 혼란은 일시적 사건이 아니라, 누적된 구조적 문제로 드러나고 있습니다.
이제 시선을 오늘날 국회의 실제 운영 방식으로 옮겨, 그 과정에서 어떤 문제들이 반복되고 있는지 현실을 구체적으로 살펴보고자 합니다.

2. 정당 정치의 현실

현재 대한민국 국회는 사실상 양당 중심으로 운영되고 있습니다. 정당 중심 정치는 본래 정책에 대한 다양한 선택지를 제시하고, 국민의 판단을 통해 교체가 이루어지도록 함으로써 사회의 방향을 조정하기 위한 장치였습니다. 그러나 시간이 흐르면서 정당은 점차 정책보다 권력의 획득과 유지에 집중하는 조직으로 변질되었습니다. 그 결과 국회는 국가 운영의 공간이 아니라, 당과 당이 힘을 겨루는 전장으로 작동하게 되었습니다.
양당 중심 구조는 정책에 대한 깊이 있는 논의보다 이념 대립을 부추기기 쉽습니다. 이념은 사회의 방향을 제시하는 도구여야 하지만, 오늘날에는 상대를 공격하기 위한 수단으로 사용되는 경우가 많아졌습니다. 그 결과 국회는 문제를 해결하는 공간이 아니라, 갈등을 증폭시키는 구조로 작동하고 있습니다. 타협과 조정은 점점 사라지고, 이기느냐 지느냐만 남은 정치가 반복되고 있습니다.

이 과정에서 법률의 질 역시 크게 저하되었습니다. 단순 다수결, 즉 51% 찬성만으로 밀어붙이는 입법 방식은 오늘날과 같은 고도화된 사회에 더 이상 적합하지 않습니다. 사회가 복잡해질수록 법은 더 많은 논의와 충분한 숙성을 거칠 필요가 있습니다. 그러나 지금의 정당 중심 국회 구조는 이러한 과정을 감당하기에 구조적으로 한계를 드러내고 있습니다.

3. 정당 정치의 한계

이러한 문제들은 우연히 발생한 것이 아닙니다. 정당이 국회를 운영하는 현재의 구조 자체가 한계에 도달했음을 보여주는 결과입니다. 정당 중심 정치로는 더 이상 새로운 해법을 만들어내기 어려워졌고, 정당 간 대립은 사회를 소모시키는 방식으로 반복되고 있습니다. 정당은 본래 사회의 다양한 의견을 모아 정책으로 정리하는 역할을 맡아야 하지만, 오늘날에는 국가를 운영하기보다 권력을 차지하고 유지하는 조직으로 고착화되었습니다.

그 결과 당과 당이 대립하는 동안 국회는 제 기능을 멈추고, 국가가 판단해야 할 과제들은 뒤로 밀립니다. 정치는 문제를 조정하고 해결하는 장이 아니라, 갈등을 장기화시키는 구조로 굳어지고 있습니다. 이러한 현상은 대한민국만의 문제가 아니라, 전 세계가 동시에 겪고 있는 정치 시스템의 위기이기도 합니다.
이 지점에서 더 이상 어떤 정당이 집권하는가의 문제만으로는 답을 찾기 어렵습니다. 정당이 국회를 지배하는 방식 자체를 그대로 둔 채로는, 정치의 작동 방식 역시 달라지기 어렵기 때문입니다.

따라서 지금 필요한 것은 정당의 교체가 아니라, 정당을 중심에 둔 국회 운영 방식이 과연 오늘의 사회를 감당할 수 있는 구조인지에 대한 근본적인 재검토입니다. 국회 구조와 기능 자체를 다시 설계해야 할 시점에 우리는 도달했습니다.

제 2 장

특권과 비용 증가의 악순환

1. 국회 기능의 변질과 신뢰 붕괴의 시작

정당 정치의 기능이 약화되고, 국회가 갈등과 대립의 공간으로 변질되면서, 그 영향은 국회 운영 전반으로 확산되었습니다. 정책을 조율하고 사회적 합의를 만들어야 할 국회는 점차 책임보다 권한이 앞서는 구조로 굳어졌고, 그 결과 특권과 비용 문제가 동시에 증폭되기 시작했습니다. 이 과정에서 누적된 결과가 바로 오늘날의 국회에 대한 깊은 불신입니다. 그러나 이 불신을 개별 의원의 일탈이나 도덕성 문제로만 설명할 수는 없습니다. 문제의 근본 원인은 국회 운영 구조 자체가 잘못 설계되어 있었고, 그 구조가 오랜 시간 점검 없이 유지되어 왔다는 데에 있습니다.

국회의 운영 방식과 비용 구조는 단순한 예산 관리의 문제가 아닙니다. 이는 정치가 공동체를 위해 작동하고 있는지, 국민이 국가를 신뢰할 수 있는지를 가늠하는 기준입니다. 특권이 확대될수록 책임은 흐려졌고, 비용은 증가했으며, 그 부담은 고스란히 국민에게 전가되어 왔습니다.

정당 정치의 한계는 국회 운영 전반에 연쇄적인 변화를 만들어 왔습니다. 국회가 갈등과 대립의 공간으로 굳어지면서, 권한은 점점 확대된 반면, 그에 상응하는 책임은 약화되었습니다. 그 결과 국회 내부의 각종 특권은 자연스럽게 늘어났고, 이를 유지·운영하기 위한 비용 역시 지속적으로 증가했습니다. 그러나 늘어난 비용에 비해 국회가 보여준 성과와 책임은 국민의 기대에 미치지 못했습니다. 이는 정치 전반에 대한 불신으로 이어졌고, 신뢰가 약화되자 국회는 스스로를 보호하려는 방향으로 움직이게 되었습니다. 그 과정에서 책임을 명확히 묻는 구조는 더욱 사라졌습니다.
이렇게 특권의 확대가 비용 증가로 이어지고, 비용 증가는 불신을 낳으며, 불신은 다시 책임의 실종으로 귀결되는 악순환은 점차 구조적으로 고착되어 왔습니다.

2. 기존 방법들의 한계와 부작용

우리는 그동안 정치개혁을 위해 거의 모든 방법을 시도해 왔습니다. 선거 제도의 조정, 권한 분산을 위한 장치 도입, 윤리 규정 강화, 운영 규칙 개정 등 세계 여러 나라에서 사용해 온 제도와 방식도 대부분 적용해 보았습니다. 그러나 시간이 지나며 한 가지 사실

이 분명해졌습니다. 지금까지 사용해 온 대부분의 방법들은 문제를 해결하기보다는, 또 다른 부작용을 함께 만들어 왔다는 점입니다. 특정 문제를 보완하면 다른 영역에서 새로운 불균형이 발생했고, 단기적 처방은 구조적 문제를 오히려 더 고착시키는 결과로 이어졌습니다.

오늘날은 이러한 부작용이 더 이상 가려지지 않는 시대입니다. 제도가 작동하지 않는 순간이 반복되면서, 국회는 문제를 조정하는 공간이 아니라 갈등이 누적되는 구조로 인식되기 시작했습니다. 잘못 설계된 제도는 정치의 효율성을 떨어뜨릴 뿐 아니라, 국민의 삶과 국가 운영 전반의 안정성까지 흔들고 있습니다.

3. 특권 → 비용증가 → 불신 → 책임 실종의 악순환

현재 국회 운영은 특권의 확대가 운영 비용 증가로 이어지고, 그 비용 부담이 누적되면서 국민 불신을 키우는 구조 속에 놓여 있습니다. 이렇게 형성된 불신은 다시 책임의 실종으로 이어져, 특권·비용·불신이 서로를 강화하는 악순환을 만들어 내고 있습니다.

이러한 구조는 불체포특권과 면책특권을 둘러싼 반복된 논란, 과도한 국민 세금 부담, 권한에 비례한 책임 기준의 부재로 드러나고 있습니다. 의회의 권한은 확대되어 왔지만, 그에 상응하는 책임 윤리는 충분히 강화되지 못했습니다. 이는 개별 사안의 문제가 아니라, 국회 운영 전반이 잘못 설계된 결과로 나타난 구조적 문제의 단면에 불과합니다.

이같은 구조적 문제는 특정 인물이나 개별 사안에서 비롯된 것이 아닙니다. 대한민국 국회가 현재의 모습에 이르게 된 것은 어느 날 갑자기 발생한 일이 아니라, 오랜 시간 국회 구조에 대한 충분한 연구와 점검이 이루어지지 않은 결과입니다. 그 사이 구조적 문제는 방치된 채 누적되어 왔습니다.

이제는 단순한 제도 보완이나 일부 개선의 차원이 아닙니다. 정치 전반이 아니라, 정치의 심장부인 국회 구조 자체를 정면으로 다뤄야 할 시점에 도달했습니다. 국회를 바로 세우지 않고서는 어떤 정치개혁도 실질적인 변화를 만들어낼 수 없습니다.

제 2 부
국민 주권을 바로 세우는 삼원제 국회 모델

제1장

정치와 경제의 관계 재정립

앞선 논의를 통해 우리는 하나의 분명한 결론에 도달했습니다. 오늘날의 정치 혼란은 특정 정당이나 인물의 문제가 아니라, 국회가 작동하는 구조 자체가 현실과 어긋나 있기 때문에 발생하고 있다는 점입니다. 지금 필요한 것은 추가적인 조정이나 부분적 개선이 아닙니다. 누가 국회를 운영하느냐의 문제가 아니라, 국회가 어떤 구조로 작동해야 하는가를 근본적으로 다시 설계해야 할 시점에 이르렀습니다.

여기서 제시하는 삼원제 국회 모델은 기존 양당 정치의 연장선에서 이루어지는 개편이 아닙니다. 정당 간 힘의 균형을 다시 맞추는 방식으로는 국회가 안고 있는 구조적 한계를 넘기 어렵다는 판단에서 출발합니다. 따라서 삼원제는 정당 중심 국회 운영에서 벗어나, 상원·중원·하원으로 역할을 분리한 새로운 국회 작동 구조로의 전환을 의미합니다.

삼원제 국회는 권력을 나누기 위한 제도가 아닙니다. 국가 운영에 필요한 기능을 분리하여, 결정 과정이 한 지점에 집중되지 않도록 만드는 구조입니다. 법안의 설계와 발의는 하원에서 이루어지고, 그 안건은 중원에서 점검과 조정을 거치며, 상원은 그 결과가 국가 전체의 기준으로 적합한지 여부를 판단합니다. 이 구조의 목적은 정치적 승패가 아니라, 국가가 실제로 감당할 수 있는 결정을 만들어내는 데 있습니다.

1. 기존 정경유착이 불신의 구조가 된 이유

오늘날 기업의 정치 참여가 논란이 되는 배경에는, 단순히 정치와 경제가 만난다는 사실 자체보다, 그 만남이 오랫동안 어떤 방식으로 이루어져 왔는가에 대한 깊은 불신이 자리하고 있습니다.
국회가 정책을 조율하고 사회적 합의를 만들어내기보다, 정당 간 대립과 권력 경쟁의 중심으로 작동해 온 과정 속에서 정치와 경제의 접점은 점차 공익적 협력의 영역이 아니라 이권과 거래의 문제로 인식되어 왔습니다.

이러한 구조 속에서 형성된 기존의 정경유착은 정책적 협력이라기보다 특혜와 결탁의 이미지로 굳어졌고, 그 결과 정치에 대한 불신과 사회적 혼란은 반복되어 왔습니다. 그러나 문제의 핵심은 정치와 경제가 연결되어 있다는 데에 있지 않습니다. 문제는 정치가 공익의 조정자가 아니라, 권력 유지를 위한 수단으로 작동해 온 국회 구조 그 자체에 있었습니다.

2. 삼원제 국회에서의 기업 참여

삼원제 국회가 제안하는 정치와 경제의 연결은, 정치가 경제를 지배하거나 경제가 정치를 좌우하는 관계가 아닙니다. 또한 특정 기업이나 이해관계를 국회에 끌어들이는 방식도 아닙니다.

여기서 말하는 바른 정경유착이란, 정치와 경제가 공익이라는 동일한 목적 아래 하나의 국가 운영 시스템 안에서 유기적으로 작동하도록 구조화하는 것을 의미합니다.

정치는 국가의 방향과 기준을 세우고, 경제는 산업과 노동, 기술과 고용의 현장에서 축적된 경험을 통해 그 방향이 현실에서 작동 가능한지 점검합니다. 이는 권력의 결합이 아니라 책임의 결합이며, 이권의 교환이 아니라 공동의 미래를 향한 역할 분담입니다.

삼원제 국회에서 말하는 기업 참여란 기업이라는 조직이 전면에 나서는 것을 뜻하지 않습니다. 국민의 삶과 산업 현장에서 축적된 경험과 전문성이 국가 운영의 판단 과정에 구조적으로 반영되도록 하는 참여를 의미합니다. 이 참여는 특혜가 아니라 봉사의 성격을 갖습니다. 정치 권력과 결탁하기 위한 참여가 아니라, 국가 운영에 필요한 판단을 돕기 위한 공적 기여입니다.

3. 정치·경제·정당의 역할 재배치

삼원제 국회는 정치와 경제를 인위적으로 분리해 갈등시키는 구조가 아닙니다. 국가와 국민이라는 공동의 목표를 향해 각 영역이 제 역할을 수행하도록 재배치하는 구조입니다.

이 구조 안에서 정치는 방향과 기준을 책임지고, 경제는 현실성과 지속 가능성을 점검하며, 정당은 국회를 지배하는 주체가 아니라 사회 각 분야의 의견을 모아 정책으로 제안하는 본래의 위치로 돌아갑니다. 그 결과 국회는 더 이상 특권과 권한이 집중되는 공간이 아니라, 설계-점검-판단의 기능이 분리되어 작동하는 공적 시스템으로 전환됩니다.

국회의원 개인에게 집중되어 왔던 권한과 특혜 역시 구조 변화 속에서 자연스럽게 설 자리를 잃게 됩니다. 이 과정에서 특권은 해체되고, 입법·사법·행정 삼권분립의 원칙도 각 기능에 맞게 다시 작동할 수 있게 됩니다. 이러한 전환은 정치의 종말이 아닙니다. 정치가 제자리를 찾는 과정이며, 국민 주권이 국회 운영의 실제 과정 속에서 구현되도록 만드는 시도입니다.

제 2 장

새로운 국회 운영 방식 — 상원·중원·하원 구조

1. 삼원제의 기본 원리

삼원제 국회는 기존 국회의 인원을 늘리거나 권한을 나누기 위한 제도가 아닙니다.이는 국가 운영에 필요한 기능을 분리하여, 결정 과정이 한 지점에 집중되지 않도록 설계한 구조입니다.

오늘날의 정치 혼란은 특정 정당이나 인물의 문제가 아니라, 국회가 하나의 공간에서 설계·검증·판단을 동시에 수행하도록 만들어진 구조적 한계에서 비롯됩니다. 이 구조에서는 결정의 속도는 빨라질 수 있지만, 그 결정이 실제로 사회에 어떤 영향을 미치는지에 대한 점검과 책임은 흐려질 수밖에 없습니다.

삼원제는 이러한 한계를 극복하기 위해, 입법 과정 자체를 단계별 기능 구조로 재설계합니다. 법을 만드는 일, 점검하는 일, 국가 기준으로 최종 판단하는 일을 분리함으로써, 정치적 유불리나 단기적 계산이 아니라 국가가 감당할 수 있는 결정이 만들어지도록 하는 것이 이 구조의 핵심 원리입니다. 따라서 삼원제 국회는 권력 분산의 문제가 아니라, 국가 의사결정의 질을 높이기 위한 구조적 전환입니다.

2. 상원·중원·하원의 기능 분담

삼원제 국회에서는 입법 과정이 하나의 회의장에서 끝나지 않습니다. 각 단계는 서로를 대체하지 않으며, 고유한 역할을 수행합니다.

하원은 법안의 내용을 구체적으로 설계하고 발의하는 단계입니다. 사회 문제를 분석하고 제도적 대안을 정리하여, 법안이 실제로 작동 가능한 구조로 만들어지는 출발점입니다.
중원은 하원에서 설계된 법안을 점검하고 조정하는 단계입니다. 해당 법안이 사회적 균형을 해치지 않는지, 현실에 과도한 부담을 주지 않는지를 검토하며, 필요할 경우 수정과 보완을 거칩니다.
상원은 이러한 과정을 거쳐 올라온 결정을 국가 전체의 기준으로 판단하는 단계입니다. 단기적 효과가 아니라, 국가 운영의 안정성과 지속 가능성의 관점에서 최종 판단을 내립니다.

이처럼 삼원제 국회에서는 설계-검증-판단의 과정이 분리되어 이어집니다. 어느 한 단계에서도 책임이 사라지지 않으며, 각 단계는 이전 결정을 그대로 통과시키는 기관이 아니라 결정의 완성도를 높이는 관문으로 기능합니다.

3. 국회의 정원과 구성 원칙

삼원제 국회에서는 국회의원 정원을 현행 수준인 300명으로 유지합니다. 이 개편은 인원을 늘리거나 국회의 권한을 확대하기 위한 시도가 아닙니다. 문제는 숫자가 아니라, 국회가 수행해야 할 기능과 책임에 비해 구성 방식이 현실을 제대로 반영하지 못하고 있다는 데있습니다. 따라서 삼원제 국회는 정원 조정이 아니라, 구성 원리의 전환을 통해 국회가 실제로 국가 운영에 필요한 역할을 감당할 수 있도록 설계됩니다.

국회 구성은 다음의 세 가지 축을 기준으로 이루어집니다.
첫째, 대기업 인재의 참여(30%)입니다. 이들은 권력이나 이권을 대표하는 방식이 아니라, 봉사의 형태로 참여하여 산업 운영, 기술 변화, 글로벌 경쟁 환경 속에서 축적된 경험과 전문성을 국가 운영에 환원합니다.
둘째, 중견기업·중소기업 인재의 참여(30%)입니다. 중견기업과 중소기업을 포함한 다양한 경제 주체의 인재들이 공공 봉사의 방식으로 참여하여, 현장의 현실과 경제 구조 전반에 대한 균형 잡힌 시각을 국회에 반영합니다.
셋째, 사회 각 분야 전문가의 참여(40%)입니다. 사회 각 분야에서 충분히 검증된 전문가들이 참여하여, 입법 과정 전반에서 전문성과 실무 역량을 담당합니다.

이러한 구성 원리는 특정 집단의 영향력을 키우기 위한 설계가 아닙니다. 국가 운영에 실제로 필요한 역량을 고르게 반영하고, 어느 한 집단도 국회 운영을 좌우하지 못하도록 하기 위한 구조적 장치입니다. 정치, 권력, 자본, 특정 이익 집단이 국회를 독점하지 못하도록, 기능과 역할을 기준으로 참여를 분산시킵니다.

중요한 점은, 이 구성 방식이 권력 배분을 위한 계산이 아니라 국회의 기능과 책임을 안정적으로 수행하기 위한 기준이라는 사실입니다. 삼원제 국회의 정원과 구성 원칙은, 국가 운영에 필요한 역할이 현실성과 공공성을 함께 갖춘 결정으로 완성되도록 하기 위한 최소한의 설계입니다.

제 3 장

삼원제 국회의 실제 작동 구조

1. 상원 – 최종 승인 및 법안 제안

1) 상원의 기본 성격과 역할

삼원제 국회에서 상원은 법안을 만드는 곳이 아닙니다. 하원에서 법안을 설계하고, 중원에서 그 법안의 현실성과 사회적 영향을 점검·조정한 뒤, 상원은 그 결과를 국가를 대표해 승인하거나 다시 검토하도록 되돌리는 역할을 맡습니다. 다시 말해 상원은 입법 과정의 마지막 단계에서, 앞선 절차를 거쳐 올라온 결정이 국가 전체의 기준으로 적합한지 여부를 판단하는 위치에 놓입니다. 따라서 상원은 권력을 행사하는 곳이 아니라, 입법의 결과가 국가 운영의 기준으로 작동할 수 있는지를 최종적으로 점검하는 관문으로 기능합니다. 이 구조가 분명해질 때, 법은 더 이상 밀어붙이기의 결과가 아니라 국가가 감당할 수 있는 결정으로 자리 잡게 됩니다.

이러한 역할을 수행하기 위해 상원은 특정 이해관계를 대표하는 정치인이 아니라, 국가 운영의 관점에서 판단할 수 있는 대기업 출신 인재들 가운데 소수로 구성됩니다.
이들은 기업의 이해를 대변하기 위해 참여하는 것이 아니라, 오랜 기간 축적된 경영·조직·위기 대응 경험을 바탕으로 국가 운영의 최종 판단 단계에 기여하는 공적 역할을 수행합니다. 상원의 구성 원칙은 규모나 영향력이 아니라, 국가 전체를 기준으로 판단할 수 있는 식견과 절제된 책임감에 있습니다.

2) 상원의 기능

상원의 기능은 하원에서 설계되고 중원에서 검증된 법안과 정책이 국가 전체의 기준으로 작동할 수 있는 단계에 이르렀는지를 점검하고 판단하는 데 있습니다. 이 과정에서 상원은 해당 결정이 국가 운영의 기준으로 채택될 수 있는지 여부를 국가를 대표해 승인합니다. 이때 상원의 판단은 해당 안건이 법으로서 효력을 갖추어 국가의 제도 체계 안으로 편입될 수 있는지를 가리는 단계입니다. 상원의 판단을 거쳐 안건이 법의 단계로 들어가더라도, 이는 곧바로 시행을 의미하지는 않습니다. 이후 법은 추가적인 검증과 사회적·제도적 숙성의 과정을 거치게 됩니다.

한편 상원은 심의 과정에서 기존 안건만으로는 국가 기준을 충분히 반영하기 어렵다고 판단될 경우, 보완이 필요하다는 의견을 담아 해당 안건을 다시 하원으로 회송할 수 있습니다. 또한 기업 인재를 포함한 다양한 주체로부터 제안된 사안이 국회 차원의 검토가 필요하다고 판단될 경우, 상원의 심의를 거쳐 하원으로 전달되어 정식 설계와 발의 절차를 진행할 수 있습니다.

3) 상원의 재정 구조

상원에 참여하는 인재들의 활동 비용은 국가가 아닌 각 기업이 부담하는 구조로 설계됩니다. 이는 국회 운영 과정에서 국가 재정에 추가적인 부담이 발생하지 않도록 하기 위한 기준입니다.

이러한 재정 구조를 통해 국가의 재정 부담은 늘어나지 않으며, 동시에 참여 역시 자연스럽게 제한된 범위 안에서 이루어지게 됩니다. 아울러 국회의원 보수와 각종 운영 비용이 국가 재정에 일방적으로 전가되는 기존 구조와 달리, 국회 운영에 수반되는 비용 부담이 분산되면서 불필요한 재정 지출과 특권 구조 역시 축소되는 효과를 갖게 됩니다.

그 결과 상원은 권한이나 보수를 전제로 한 자리가 아니라, 일정한 조건 아래에서 공적 판단에 참여하고 공공의 역할을 수행하는 공간으로 기능하게 됩니다.

2. 중원 — 검증 및 책임의 중간자, 법안 제안

1) 중원의 성격과 역할

중원의 역할은 하원에서 설계된 법안과 정책을 점검하는 것입니다. 하원에서 만들어진 법안이 현실에 적용 가능한지, 사회적 균형을 해치지는 않는지, 특정 집단에 과도한 부담이나 특혜를 주지는 않는지를 한 단계 위에서 차분히 살피는 역할을 맡습니다.

중원은 중견기업과 중소기업에서 공공 봉사 형태로 참여한 인재들로 구성됩니다. 각 기업은 한두 명 정도의 인재를 봉사 요원의 형태로 중원에 참여시킬 수 있습니다.

중견·중소기업은 현장의 변화와 사회의 미세한 흐름을 가장 가까이에서 체감하는 주체입니다. 이들의 경험과 시각은 법이 책상 위의 논리에 머무르지 않고 현실과 괴리되지 않도록 점검하는 데 중요한 역할을 합니다.

2) 중원의 기능

중원은 하원에서 올라온 법안이 실제 사회에서 작동 가능한지 여부를 점검하는 검증 기구입니다. 이 단계에서 중원은 법이 현장에서 실행될 수 있는지, 사회적 균형을 해치지는 않는지, 특정 계층이나 산업에 과도한 부담을 주지는 않는지를 종합적으로 살핍니다. 또한 입법 과정에서 의도하지 않았던 부작용이 발생할 가능성은 없는지도 함께 검토합니다.

이러한 검증 과정을 거쳐 법안은 보완과 조정이 이루어지며, 그 결과에 따라 다시 하원으로 내려가 추가 설계가 이루어지거나, 상원으로 전달됩니다.

3) 중원의 재정 구조

중원에 참여하는 인재들의 활동 비용은 상원과 마찬가지로 국가가 아닌 각 기업이 부담하는 구조로 설계됩니다. 중견기업과 중소기업 역시 동일한 기준 아래에서, 규모와 관계없이 책임과 봉사의 원칙에 따라 참여합니다.

기업 인재의 국회 참여는 특권도, 권력도 아닙니다. 사회에 대한 책임을 제도적으로 수행하는 방식입니다.

3. 하원 — 법안 설계와 발의, 안건 검토

1) 하원의 성격과 역할

하원은 법안의 내용을 구체적으로 설계하고 발의하는 실질적 입법 준비 단계의 기구입니다. 여기에서 사회 문제를 분석하고, 제도적 대안을 정리하며, 법안의 구조와 조문을 체계적으로 구성합니다.

"법은 어디에서 만들어지는가"라는 질문에 대한 답은 분명합니다. 법의 내용과 형식이 처음 구체화되는 출발점은 하원입니다. 따라서 하원은 국가 운영에 필요한 법안과 정책을 현실에 맞게 정리하고, 입법 절차로 올리는 역할을 담당하는 법안 설계·발의 기구로 기능합니다.

하원은 국민 속에 있는 이 나라의 주인들이 참여하는 곳이며, 각 분야의 전문가들로 구성됩니다. 하원에 참여하는 인재들은 실제 국가 업무를 수행하는 전문가들입니다. 여기서 말하는 국가 업무란 행정을 집행하는 일이 아니라, 국가 운영에 필요한 법안과 제도를 입법의 형태로 준비하고 정리하는 일을 의미합니다.

2) 하원의 기능

이러한 전문가들이 하원에서 수행하는 기능은 다음과 같습니다. 사회의 문제를 분석하고, 제도적 대안을 설계하며, 법안을 직접 다루는 단계가 바로 하원입니다.

하원은 법안의 내용과 구조를 구체화하고, 현장에서 작동 가능한지 검토하며, 입법 절차로 올릴 수 있는 수준까지 정리하는 역할을 수행합니다. 따라서 하원은 단순히 의견을 나누거나 정치적 입장을 표명하는 공간이 아니라, 국가 운영에 필요한 규칙과 제도를 실제로 준비하는 일하는 국회의 중심이 됩니다.

3) 하원의 재정 구조

삼원제 국회에서 국고(세금)는 모든 곳에 쓰이지 않습니다. 국가 재정은 실제 입법이 설계되고 검토되는 하원에 집중적으로 사용됩니다.

하원은 각 분야 전문가들이 참여해 법안을 설계하고, 실행 가능성과 사회적 영향을 검토하는 출발 단계입니다. 이 과정은 공공성을 전제로 하며, 특정 기업이나 이해관계로부터 독립되어야 합니다. 따라서 하원에서 이루어지는 전문 활동에 대해 국가가 책임지고 비용을 부담하는 것은 특혜가 아니라 필수 조건입니다.

이 구조를 통해 하원은 외부 재정이나 조직의 영향에서 벗어나, 오직 공익과 현실 문제 해결을 기준으로 입법에 집중할 수 있습니다.

즉, 국고 부담은 전문성과 독립성을 보장하기 위한 최소한의 공적 투자입니다.

제 3 부
새로운 입법 시스템과 운영의 투명성

제1장

입법 흐름의 재정립

이제 중요한 것은 이 구조가 실제 입법 과정에서 어떻게 작동하는가입니다. 아무리 정교한 제도라도 판단과 결정의 흐름이 분명하지 않다면, 현실에서는 쉽게 흔들립니다. 이 장에서는 삼원제 국회가 입법의 시작부터 최종 승인에 이르기까지, 판단과 절차가 단계별로 이어지며 작동하는 방식을살펴봅니다.

1. 삼원제 입법 절차의 단계별 작동

새로운 국회 구조에서 입법은 다음의 명확한 절차를 따릅니다.

제안 → 하원 (설계/점검) → 중원 (검토/조정) → 상원 (최종 승인/결재)

이 구조의 핵심은 입법 과정에서 권한은 분산하되, 책임은 단계별로 명확히 남기는 것입니다. 기업과 조직의 참여는 권력 행사가 아니라 안건 제안과 인재 봉사 역할에 한정됩니다. 모든 법 제정은 70% 이상 합의 원칙을 기준으로 합니다.

입법은 하원에서 시작됩니다. 하원은 각 분야 전문가들이 모여 법안을 설계하고, 실행 가능성과 문제 소지를 충분히 검토합니다.
하원에서 타당하고 일리가 있다고 판단된 안건만이 정리된 형태로 중원에 상정됩니다. 즉, 법안은 하원에서 만들어져 중원으로 올라갑니다.

중원에서는 해당 법안을 다시 점검합니다. 이 단계에서 중원은 내용이 충분하다고 판단하면 다음 단계로 넘기고, 아직 보완이 필요하다고 보면 추가 연구를 요구하며 하원으로 되돌려 보낼 수 있습니다. 중원의 검토를 통과한 안건만이 마지막 단계인 상원으로 올라갑니다. 상원은 충분한 검토를 거친 안건에 대해, 그 결정이 국가 전체에 대한 책임을 질 수 있는 판단인지를 기준으로 최종 승인을 내립니다.
법안 안건 제시는 상원과 중원에서도 가능합니다. 다만 이 경우에도 안건은 반드시 하원으로 회송되어, 동일한 설계·검토 절차를 거친 뒤 상정됩니다. 이는 제안의 출처와 무관하게, 입법의 책임 흐름을 일관되게 유지하기 위한 원칙입니다.

2. 입법 책임 구조의 안정성과 국회 운영의 현실성

기존의 이해관계 집단이나 카르텔은 입법 절차가 불분명할수록 개입하기 쉬운 환경을 갖게 됩니다. 절차가 명확하지 않으면 흔들고, 지연시키고, 시작 단계에서 무력화할 수 있기 때문입니다.
그러나 입법의 흐름과 책임 구조가 명확하면, 어느 단계에서도 결정을 밀어붙이기 어렵습니다. 누가 무엇을 판단했고, 어디에서 어떤 책임을 졌는지가 모두 기록으로 남기 때문입니다.

이 제도는 특정 집단의 힘으로 움직이는 구조가 아니라, 정확한 절차 자체가 방패가 되는 구조입니다. 국회 구조 개편이 현실적으로 작동하려면, 권한과 비용의 관계부터 재설계되어야 합니다. 삼원제 국회는 권한의 성격에 따라 비용 부담의 주체를 명확히 나눕니다.

상원과 중원은 법을 설계하거나 집행하지 않습니다. 이들은 입법 결과를 점검하고, 조정하며, 최종 책임을 판단하는 역할을 맡습니다. 따라서 이 단계에 참여하는 인재들은 국가 권력을 행사하는 자리가 아니라, 책임을 나누는 봉사의 자리에 서게 됩니다.
이들의 활동 비용은 국가가 아닌 소속 기업이 부담합니다.
반면, 실제 입법이 이루어지는 하원만이 국고 지원을 받습니다. 이렇게 함으로써 국민 세금이 국회 전체로 확산되는 구조를 차단하고, 세금은 오직 입법의 핵심 기능에만 사용됩니다.
이 구조는 국회 운영 비용을 줄이기 위한 장치가 아닙니다. 누가 결정하고, 누가 책임지며, 그 비용을 누가 부담하는지를 분명히 하기 위한 설계입니다. 그 결과 국회는 특권과 비용이 비대해지는 구조가 아니라, 기능과 책임이 균형 잡힌 현실적인 운영 체계를 갖추게 됩니다.

제 2 장

새로운 입법 기준 — 조직 내 70% 합의 원칙

기존 국회는 다수결을 중심으로 법을 빠르게 통과시켜 왔습니다. 그러나 시행 이후 문제가 드러나더라도 책임의 주체가 분명히 드러나지 않는 구조로 작동해 왔습니다. 법은 통과되지만 그 결과에 대해 끝까지 책임지는 사람은 남지 않는 구조가 반복되어 왔습니다.

지식과 전문성이 고도로 분화된 오늘날의 사회에서, 51%의 찬성으로 밀어붙이는 입법 방식은 더 이상 신뢰를 담보하기 어렵습니다. 찬반이 팽팽하게 갈린 상태에서 만들어진 법은 시행 단계에서 저항과 갈등을 남기기 쉽고, 그로 인한 사회적 비용은 고스란히 국민에게 돌아갑니다. 따라서 새로운 국회 구조에는 입법의 속도보다 신뢰를 우선하는 기준, 결정 이후까지 책임이 이어지는 입법 시스템이 필요합니다. 그 핵심 기준이 바로 조직 내 70% 합의 원칙입니다.

이 기준에서 법은 단순히 다수의 선택으로 만들어지지 않습니다. 조직 구성원 가운데 충분히 많은 사람들이 동의하고, 그 결정의 결과를 함께 감당할 수 있을 때에만 제정됩니다.
그 기준선이 바로 70%입니다. 과반수인 51%는 결정을 내리기에는 충분할 수 있지만, 결정 이후의 책임까지 함께 나누기에는 부족합니다. 반대 의견이 거의 절반에 가까운 상태에서는 갈등이 쉽게 남고, 시행 과정에서 저항과 불신이 반복되기 쉽기 때문입니다. 반면 70% 이상의 합의는, 의견 차이가 존재함에도 불구하고 충분한 논의와 조정이 실제로 이루어졌다는 신호입니다. 이는 법이 통과되는 순간보다, 이후의 시행과 유지 과정에서 더 큰 안정성을 만들어 줍니다.

사회가 복잡해질수록 빠른 결정보다 중요한 것은 얼마나 많은 사람이 그 결정을 받아들일 수 있는가입니다. 이런 점에서 70% 합의는 이상적인 만장일치도 아니고, 갈등을 남기는 최소 다수도 아닌, 현실적인 사회적 합의의 기준이라 할 수 있습니다. 이 원칙은 법을 쉽게 만들기 위한 장치가 아니라, 오래 작동하는 법을 만들기 위한 기준입니다. 그래서 재검토가 필요한 경우에도, 다시 한 번 충분한 동의가 확인될 때에만 입법 절차로 돌아오도록 설계됩니다.

제 3 장

법률 시행의 질적 관리와 검증

1. 즉시 시행 금지 원칙

삼원제 국회에서는 모든 법의 즉시 시행을 원칙적으로 금지합니다. 법이 제정되었다 하더라도, 사회에 미칠 영향을 충분히 검증하지 않은 채 곧바로 시행해서는 안 됩니다.

예를 들어 오늘 결제된 법이라면, 오늘 시행하는 것이 아니라 일정한 검증 기간을 거쳐 시행하도록 설계합니다. 이는 속도를 늦추기 위함이 아니라, 실수를 줄이기 위한 안전장치입니다.

이 원칙을 제도적으로 구현하기 위해, 법이 법체로 들어간 이후에는 3년간의 숙성·검증 기간을 둡니다. 이 기간 동안 해당 법은 실제 적용 가능성, 부작용, 사회적 영향 등을 지속적으로 점검받습니다. 우리가 옳다고 판단했더라도 혹시 놓친 부분은 없는가를 반복적으로 확인하는 과정이며, 이 검증을 통과한 법만이 최종 시행 단계로 나아갑니다.

2. 문제 발생 시 재검토 구조

숙성 기간 중 문제가 발견될 경우, 해당 법안은 자동으로 재검토 단계로 되돌아갑니다. 이 과정에서는 국민 공론화, 공모전, 필요 시 국민 투표 등을 통해 다시 논의가 이루어집니다.

법은 전문가만의 소유물이 아니라, 사회 전체의 삶에 영향을 미치는 공적 결정이기 때문입니다

3. 삼원 구조와 시행 책임의 연결

삼원제 구조는 법의 결정에서 멈추지 않고, 시행에 이르기까지 판단과 부담이 단계별로 끊기지 않도록 설계되어 있습니다.

하원은 법을 설계하는 단계에서부터 해당 제도가 실제로 작동할 수 있는지, 즉 실효성과 실행 가능성을 함께 검토합니다.

중원은 하원에서 설계된 법안이 사회적 균형을 해치지 않는지, 현실에 과도한 부담이나 왜곡을 주지 않는지를 점검하고 조정하는 역할을 맡습니다.

상원은 이러한 과정을 거쳐 올라온 결정에 대해, 그 결과가 국가 전체의 기준으로 감당 가능한지 여부를 판단하며 최종 결정을 내립니다.

이처럼 삼원제 국회 구조에서는 법의 설계, 검증, 승인, 그리고 시행에 이르기까지의 과정이 끊기지 않고 하나의 흐름으로 이어집니다.

각 단계는 서로를 대신하지 않지만, 어느 한 과정에서도 누가 어떤 판단을 했고, 그 결과가 어떻게 이어졌는지가 분명히 남도록 연결되어 있습니다. 이 구조가 제대로 작동할 때, 국회는 더 이상 졸속 입법이나 독주가 반복되는 공간이 아니라, 결정과 그 결과가 분명히 남는 성숙한 입법 기관으로 기능하게 됩니다.

맺음말

지금은 변화의 속도가 매우 빠른 시대입니다. 과거에는 10년이 걸리던 변화가 이제는 1년 안에 판단되고, 3년 안에 실행되어야 하는 시대가 되었습니다. 그러나 개혁은 구호로 이루어지지 않습니다. 연구와 구조, 그리고 책임 있는 절차를 통해서만 가능합니다.
오늘날 정치에 대한 불신은 단순히 어느 정권이 들어섰는가의 문제로 설명되기 어렵습니다. 결정은 점점 더 빨라졌지만, 그 결과에 대한 책임은 분산되거나 흐려졌고, 권한과 부담 사이의 균형은 무너져 왔습니다. 그 과정에서 개별적인 개혁 시도는 반복되었지만, 정치가 작동하는 기본 구조는 크게 달라지지 않았습니다.

국회는 정치적 상징이나 갈등의 무대라기보다, 우리가 살아가는 규칙이 만들어지는 공간입니다. 법과 제도를 통해 국민의 삶이 실제로 형성되는 곳이기에, 국회의 구조가 바로 서지 않으면 어떤 정책도 현실에서 지속되기 어렵습니다. 이 책이 인물이나 정당을 넘어 국회의 설계와 작동 방식에 주목한 이유도 여기에 있습니다.

삼원제 국회는 입법이 설계-검증-판단의 과정을 거치며 보다 안정적으로 작동하도록 하기 위한 구조적 고민에서 출발했습니다. 결정의 속도보다 판단의 완성도를, 정치적 유불리보다 국가가 감당할 수 있는 선택을 우선하려는 시도입니다. 그 과정 속에서 책임이 어느 한 지점에서도 사라지지 않도록 하는 것 또한 이 구조가 지향하는 중요한 기준입니다.

이러한 구조는 국회의 역할뿐 아니라, 그 자리에 참여하는 사람의 기준 역시 바꾸게 됩니다. 국회는 원래 봉사직이어야 합니다. 기업과 사회가 명예를 걸고 인재를 보내고, 그 인재가 일정 기간 국가를 위해 봉사하는 구조라면, 권력을 얻기 위해 국회에 들어올 이유는 자연스럽게 사라집니다. 대신 책임을 감당할 준비가 된 사람만이 그 자리에 참여하게 됩니다.

이것이 이 책이 그려보는 미래의 지도자상입니다. 지배하는 사람이 아니라, 설계하고 책임지는 사람입니다. 이러한 구조가 바르게 작동한다면, 사회는 큰 혼란이나 소음 없이도 다음 단계로 나아갈 수 있습니다.

정치는 국민 위에 군림하기 위해 존재하지 않습니다. 국회는 권력의 무대가 아니라 책임의 구조여야 합니다. 이 책이 제안하는 삼원제 국회는 급진적인 실험이 아니라, 정치가 다시 국민의 삶을 책임지게 하기 위한 가장 현실적인 설계입니다.
정치가 제자리를 찾는 일은 우리 모두의 인식에서 시작됩니다. 그 변화가 축적될 때, 대한민국은 이제 답을 들고 일어나 국제 사회에 기여하는 나라로 나아갈 수 있을 것입니다.

REFORM OF THE POLITICAL SYSTEM

Designing a Tricameral Legislature Model

< English Edition >

Reform of the Political System

— Designing a Tricameral Legislature Model

Contents

Preface

We are living in an era in which political instability and distrust in institutions are spreading across the world. Elections are held repeatedly, yet conflicts remain unresolved; governments change, but partisan confrontation persists, and the resulting costs and burdens are borne entirely by the public.
Faced with this reality, many people perceive that politics is no longer functioning properly. However, the problem is not that politics has come to a halt, but that insufficient attention has been given to the question of how politics operates—according to what standards and through what mechanisms.

The most direct means by which politics affects the lives of citizens is through law and institutional design. The rules of everyday life, the conditions of economic activity, labor and welfare systems, and the direction of education and industry are all concretized in legal form. The central institution in which these laws are created and refined is the legislature. In this sense, the legislature constitutes the primary conduit through which politics is translated into the lived experience of citizens.

Accordingly, the reality that repeated political cycles do not result in tangible improvements in people's lives inevitably leads to a fundamental question: by whose lived experience does this legislative conduit operate as its reference point? Laws exist. Yet the question remains whether those laws are sufficiently grounded in the actual lives of citizens. Institutions are established, but continuous scrutiny is required to assess whether they genuinely reflect on-the-ground experience and social realities.

This book begins precisely from that question. Rather than

reducing political problems to conflicts between individuals or political parties, it seeks to reexamine the structural processes through which laws are produced and the actors who participate in those processes.

It further explores whether the legislature can function not as a space detached from citizens' lives, but as a place in which diverse social experiences and professional expertise are accumulated—and, if so, how the legislative structure itself must be redesigned to make this possible.

Part I

The Transformation of Party Politics and Its Structural Pathologies

Chapter 1

The Functional Erosion of Party Politics and the Public Cost

1. The Point of Departure for Political Reform

Political reform does not resolve itself automatically through a change in administration or political leadership. This has been repeatedly demonstrated through long historical experience. If so, the primary object of scrutiny cannot be individuals, but must instead be institutional structure. It is therefore necessary to examine how state decision-making frameworks are designed, through what procedures decisions are produced, and through which channels they are implemented.

From this perspective, the legislature is the first institution that must be examined when discussing political reform. If the process through which laws and institutions are created becomes unstable, neither executive implementation nor judicial judgment can function in a consistent and reliable manner. Initiating political reform without first assessing whether the legislature is properly constituted and performing its assigned roles and functions is inherently difficult.

This issue is not unique to the Republic of Korea. Legislatures around the world have undergone various experiments within liberal democratic systems. Numerous approaches have been attempted with respect to parliamentary structures, methods of selection, and models of power distribution. Yet no country can be said to possess a fully completed legislative model. Even states commonly described as advanced democracies continue to experience trial and error in legislative operation.
Nevertheless, rather than sufficiently reexamining these institutions in response to social change, there has been a tendency to preserve them largely unchanged over extended periods. Instead of questioning why the legislature has failed to fulfill its expected role, political systems have become accustomed to applying and maintaining existing institutional arrangements.

The accumulation of these choices was deeply shaped by historical conditions. In the Republic of Korea, institutional formation occurred under the exceptional circumstances of the post-war period, when the urgent priority was to rapidly stabilize society and establish a functioning system of state governance. Under such conditions, major institutions and organizational structures were introduced by referencing foreign systems and models, rather than through prolonged review or extensive experimentation. Considering the circumstances of the time, this approach was close to unavoidable.

However, despite significant changes over time in both society and the broader environment of state governance, a fundamental reassessment of institutional structures has not been sufficiently undertaken. Rather than engaging deeply with questions such as how politics should be defined, what functions the legislature ought to perform, and where the standards of governance should be located, political practice has continued within familiar frameworks. As a result, political instability has emerged not as a temporary phenomenon, but as the manifestation of accumulated structural problems. At this point, attention is directed toward the actual operation of the contemporary legislature, in order to examine concretely what kinds of problems are being repeatedly reproduced in practice.

2. The Contemporary Reality of Party Politics

At present, the National Assembly of the Republic of Korea operates in practice within a predominantly two-party framework. Party-centered politics was originally intended to offer citizens a range of policy alternatives and to allow societal direction to be adjusted through electoral judgment and political alternation.

Over time, however, political parties have increasingly transformed into organizations focused less on policy development and more on the acquisition and retention of power. As a result, the legislature has come to function not as a forum for governing the state, but as a battleground in which parties compete for dominance.

A two-party–centered structure tends to encourage ideological confrontation rather than in-depth policy deliberation. Ideology should serve as a tool for articulating societal direction, yet in contemporary practice it is often employed as a means of attacking political opponents.

Consequently, the legislature operates less as a space for resolving problems and more as a structure that amplifies conflict. Compromise and coordination have gradually receded, while politics defined primarily by winning and losing is repeatedly reproduced.

In this process, the quality of legislation itself has deteriorated significantly. A legislative approach driven by simple majority rule—pushing measures forward on the basis of 51 percent approval—no longer corresponds to the needs of a highly complex and differentiated society.

As societies become more complex, laws require broader deliberation and sufficient institutional maturation. Yet the current party-centered structure of the legislature reveals inherent structural limitations in its capacity to sustain such processes.

3. The Structural Limits of Party Politics

These problems have not arisen by coincidence. They represent the outcome of a structural arrangement in which party-led control of the legislature has itself reached its limits. Within a party-centered political system, it has become increasingly difficult to generate new solutions, while confrontation between parties is repeatedly reproduced in ways that exhaust society. Political parties were originally expected to aggregate diverse social views and translate them into policy. Today, however, they have become entrenched primarily as organizations oriented toward acquiring and maintaining power rather than governing the state.

As a result, while parties confront one another, the legislature ceases to perform its essential functions, and issues requiring national judgment are pushed aside. Politics is no longer a forum for coordination and resolution, but has hardened into a structure that prolongs conflict. This phenomenon is not unique to the Republic of Korea; it reflects a broader crisis confronting political systems worldwide.

At this juncture, it is no longer sufficient to seek answers solely in the question of which party holds power. So long as the mode through which parties dominate the legislature remains unchanged, the manner in which politics operates is unlikely to shift in any substantive way.

What is therefore required at present is not a rotation of governing parties, but a fundamental reassessment of whether a party-centered mode of legislative operation is structurally capable of responding to the conditions of contemporary society. We have reached a point at which the structure and functions of the legislature itself must be redesigned.

Chapter 2

The Vicious Cycle of Privilege and Escalating Costs

1. The Deformation of Legislative Functions and the Onset of Institutional Distrust

As the functions of party politics weakened and the legislature became increasingly defined by conflict and confrontation, the effects spread across the entirety of legislative operation. The legislature, which should have served as a forum for policy coordination and the formation of social consensus, gradually hardened into a structure in which authority preceded responsibility. As a result, issues of privilege and cost began to intensify simultaneously.

The cumulative outcome of this process is the profound distrust toward the legislature observed today. This distrust, however, cannot be explained solely by individual misconduct or questions of personal integrity among legislators. The root cause lies in the fact that the operational structure of the legislature itself was poorly designed and allowed to

persist for an extended period without adequate review.
The mode of legislative operation and its cost structure are not merely matters of budgetary management. They function as indicators of whether politics operates on behalf of the community and whether citizens can place trust in the state. As privilege expanded, responsibility became increasingly obscured, costs rose accordingly, and the resulting burden was transferred directly to the public.

The limitations of party-centered politics have produced a chain of changes throughout legislative operation. As the legislature solidified into a space defined by conflict and confrontation, authority continued to expand while corresponding responsibility weakened. Consequently, various forms of privilege within the legislature increased almost naturally, and the costs required to sustain and manage those privileges grew continuously.
Yet despite rising expenditures, the performance and accountability demonstrated by the legislature failed to meet public expectations. This gap further deepened distrust toward the political system as a whole. As trust eroded, the legislature increasingly moved to protect itself, while institutional mechanisms for clearly assigning responsibility diminished even further. In this way, a vicious cycle—where expanding privilege leads to rising costs, rising costs generate distrust, and distrust culminates in the disappearance of accountability—has gradually become structurally entrenched.

2. The Limits and Unintended Consequences of Conventional Approaches

Over time, nearly every available method of political reform has been attempted. Adjustments to electoral systems, the introduction of mechanisms for dispersing authority, the strengthening of ethical standards, and revisions to procedural rules—many of which have been employed in various countries—have largely been implemented.

Yet with the passage of time, one conclusion has become clear. Most of the measures adopted to date have not resolved underlying problems, but have instead generated additional unintended consequences. Efforts to correct specific deficiencies have produced new imbalances in other areas, while short-term remedies have ultimately contributed to the further entrenchment of structural problems.

Today, these side effects can no longer be obscured. As moments in which institutions fail to function are repeatedly observed, the legislature has increasingly come to be perceived not as a space for coordinating solutions, but as a structure in which conflicts accumulate. Poorly designed institutions undermine not only political effectiveness, but also the stability of citizens' lives and the broader framework of state governance.

3. The Vicious Cycle of Privilege, Rising Costs, Distrust, and the Erosion of Accountability

The current operation of the legislature is situated within a structure in which the expansion of privilege leads directly to rising operational costs, and the accumulation of those costs, in turn, deepens public distrust. This distrust then results in the erosion of accountability, producing a vicious cycle in which privilege, cost, and distrust mutually reinforce one another.

This structure is manifested in recurring controversies surrounding legislative immunity and the privilege of non-arrest, excessive burdens on public finances, and the absence of clear standards linking authority to corresponding responsibility. While the powers of the legislature have steadily expanded, the ethical and institutional frameworks for accountability commensurate with those powers have not been sufficiently strengthened. This is not a matter of isolated incidents, but rather a structural symptom of a legislature whose overall mode of operation has been poorly designed.

Such structural problems do not originate from specific individuals or isolated cases. The current condition of the National Assembly of the Republic of Korea did not emerge suddenly, but is the result of a prolonged period during which the legislative structure was neither adequately studied nor systematically reviewed. Over time, these structural deficiencies were left unaddressed and allowed to accumulate.

The present moment therefore calls for more than incremental institutional adjustments or partial reforms. Rather than addressing politics in general terms, it is now necessary to confront directly the structure of the legislature itself—the very core of the political system. Without fundamentally reestablishing the legislature, no political reform can produce substantive or lasting change.

Part II
A Tricameral Legislative Model to Restore Popular Sovereignty

Chapter 1

Reframing the Relationship Between Politics and the Economy

Through the preceding discussion, a clear conclusion has emerged. Contemporary political instability does not stem from particular political parties or individual actors, but from a structural misalignment between the way the legislature operates and the realities it is meant to govern.
What is required at this stage is not additional adjustment or partial reform. The issue is not who controls the legislature, but how the legislature itself should be structured and operate. We have reached a point at which the legislative system must be fundamentally redesigned.

The tricameral legislative model proposed here is not an extension of the existing two-party framework. It begins from the assessment that merely recalibrating the balance of power between political parties is insufficient to overcome the legislature's structural limitations. Accordingly, the tricameral model signifies a departure from party-centered legislative operation toward a new framework in which roles are differentiated among an Upper Chamber, a Middle Chamber, and a Lower Chamber.

The purpose of a tricameral legislature is not to divide power for its own sake. Rather, it separates the functions necessary for governing the state so that decision-making authority does not concentrate at a single point.
Under this structure, legislative design and initiation take place in the Lower Chamber; proposed measures are subject to review and coordination in the Middle Chamber; and the Upper Chamber determines whether the resulting outcomes are consistent with standards applicable to the state as a whole.
The objective of this arrangement is not political victory or defeat, but the production of decisions that the state can realistically sustain.

1. Why Established Patterns of Political–Economic Collusion Have Become a Structure of Distrust

The controversy surrounding corporate participation in politics today is rooted less in the mere fact that politics and the economy intersect, and more in deep-seated distrust regarding the manner in which that intersection has been structured over time.

As the legislature has functioned primarily as a site of partisan confrontation and power competition—rather than as a forum for policy coordination and the formation of social consensus—the interface between politics and the economy has increasingly been perceived not as a domain of public-interest cooperation, but as one characterized by private gain and transactional exchange.

Within this structure, established patterns of political–economic collusion have come to be associated less with legitimate policy collaboration and more with images of preferential treatment and entanglement. As a result, distrust toward politics and recurring episodes of social instability have been repeatedly reproduced.

Yet the core issue does not lie in the fact that politics and the economy are connected. Rather, it lies in the legislative structure itself—one in which politics has operated not as an arbiter of the public interest, but as an instrument for the maintenance of power.

2. Corporate Participation within a Tricameral Legislature

The connection between politics and the economy proposed by the tricameral legislature does not entail politics dominating economic activity, nor does it imply economic actors exercising control over political decision-making. Nor does it involve drawing specific corporations or private interests directly into the legislature.

What is described here as a constructive relationship between politics and the economy refers to structuring their interaction so that both operate organically within a single system of state governance, guided by the shared objective of the public interest.

Within this framework, politics establishes national direction and normative standards, while the economic sphere—through accumulated experience in industry, labor, technology, and employment—assesses whether those directions are viable in practice.
This represents not a fusion of power, but a convergence of responsibility; not an exchange of interests, but a division of roles oriented toward a shared future.

Corporate participation, as understood within a tricameral legislature, does not mean that corporations as organizations take center stage. Rather, it signifies forms of participation through which experience and expertise accumulated in citizens' lives and in industrial practice are structurally reflected in the processes of national decision-making.
Such participation is characterized not by preferential treatment, but by service. It is not engagement aimed at collusion with political authority, but a form of public contribution intended to support informed judgment in the governance of the state.

3. Reallocating the Roles of Politics, the Economy, and Political Parties

The tricameral legislature does not artificially separate politics and the economy in ways that generate conflict. Rather, it reallocates their roles so that each domain performs its proper function in pursuit of the shared objectives of the state and its citizens.

Within this framework, politics assumes responsibility for setting direction and standards; the economic sphere evaluates feasibility and sustainability in practice; and political parties return to their original role—not as entities that dominate the legislature, but as channels through which diverse societal perspectives are aggregated and presented as policy proposals. As a result, the legislature is transformed from a space in which privilege and authority are concentrated into a public system in which the functions of design, review, and judgment operate in differentiated form.

Authority and privilege that had been concentrated in individual legislators likewise lose their footing as structural change takes effect. In this process, privilege is dismantled, and the principle of the separation of legislative, executive, and judicial powers is restored to operate in accordance with the distinct functions of each domain. This transition does not mark the end of politics. Rather, it represents the process by which politics returns to its proper place, and by which popular sovereignty is realized within the actual operation of the legislature.

Chapter 2

A New Model of Legislative Operation — The Upper, Middle, and Lower Chambers

1. The Foundational Principles of the Tricameral System

The tricameral legislature is not a system designed to increase the number of legislators or merely to redistribute authority within the existing assembly. Rather, it is a structure that separates the functions required for state governance so that decision-making authority does not concentrate at a single point.

Contemporary political instability does not arise from particular political parties or individual actors, but from a structural limitation in which the legislature is designed to perform legislative design, verification, and final judgment simultaneously within a single institutional space. While such a structure may accelerate the speed of decision-making, it inevitably obscures mechanisms for assessing real-world impact and assigning responsibility for outcomes.

The tricameral system seeks to overcome these limitations by redesigning the legislative process itself as a sequence of functionally differentiated stages. By separating the tasks of drafting legislation, reviewing and verifying proposals, and rendering final judgment according to national standards, the core principle of this structure is to ensure that decisions are guided not by short-term political advantage or tactical calculation, but by what the state can realistically sustain.

Accordingly, the tricameral legislature is not a matter of dispersing power, but a structural transition aimed at improving the quality of national decision-making.

2. Functional Allocation among the Upper, Middle, and Lower Chambers

Within a tricameral legislature, the legislative process does not conclude within a single deliberative chamber. Each stage is not a substitute for the others, but performs a distinct and non-overlapping function.

The Lower Chamber constitutes the stage at which legislative proposals are concretely designed and formally introduced. By analyzing social problems and articulating institutional alternatives, it serves as the point of departure at which legislation is structured to be operational in practice.

The Middle Chamber represents the stage of review and adjustment for legislation designed in the Lower Chamber. It

examines whether proposed measures disrupt social balance or impose excessive burdens in real-world contexts, and undertakes revision and supplementation where necessary.
The Upper Chamber is the stage at which decisions that have passed through prior processes are assessed against standards applicable to the state as a whole. Final judgment is rendered not on the basis of short-term effects, but from the perspective of long-term stability and sustainability of state governance.

In this way, the tricameral legislature separates and sequences the processes of design, verification, and judgment. Responsibility is not lost at any stage, and each chamber functions not as a body that merely transmits prior decisions, but as a gatekeeper that enhances the completeness and integrity of legislative outcomes.

3. Legislative Membership and Principles of Composition

Under the tricameral legislature, the total number of legislators is maintained at the current level of 300. This reform is not an attempt to expand the size of the legislature or to increase its authority. The issue lies not in numerical scale, but in the fact that the existing mode of composition fails to adequately reflect the functions and responsibilities the legislature is required to perform.
Accordingly, the tricameral model is designed not through adjustments in size, but through a shift in principles of com-

position, enabling the legislature to effectively assume the roles required for state governance.

Legislative composition is structured around three core pillars.

First, participation by senior talent from large enterprises (30%). These participants do not represent corporate power or private interests; rather, they serve in a public-service capacity, returning to the state the experience and expertise accumulated through industrial management, technological change, and global competitive environments.

Second, participation by talent from mid-sized and small enterprises (30%). Individuals drawn from a broad range of economic actors—including mid-sized and small enterprises—participate through public service, contributing balanced perspectives grounded in operational realities and the overall structure of the economy.

Third, participation by experts across diverse social sectors (40%). Professionals with established credentials in their respective fields contribute specialized knowledge and practical capacity throughout the legislative process.

These principles of composition are not designed to amplify the influence of any particular group. Rather, they constitute a structural mechanism intended to evenly reflect the capabilities genuinely required for state governance, while preventing any single group from dominating legislative operations. Participation is distributed according to function and role so that politics, power, capital, or specific interest groups cannot monopolize the legislature.

Crucially, this model of composition is not a calculation aimed at redistributing power, but a standard designed to ensure the stable fulfillment of legislative functions and responsibilities. The membership and composition principles of the tricameral legislature represent a minimal institutional design through which decisions essential to state governance can be completed with both realism and public legitimacy.

Chapter 3

The Operational Structure of the Tricameral Legislature in Practice

1. The Upper Chamber — Final Authorization and Legislative Referral

(1) Core Nature and Role of the Upper Chamber

Within the tricameral legislature, the Upper Chamber is not a body that drafts legislation. After legislative proposals are designed in the Lower Chamber and reviewed and adjusted for practicality and social impact in the Middle Chamber, the Upper Chamber assumes responsibility for authorizing those outcomes on behalf of the state or returning them for further review.

In other words, the Upper Chamber occupies the final stage of the legislative process, where it assesses whether decisions that have passed through preceding procedures meet standards applicable to the state as a whole.

Accordingly, the Upper Chamber does not function as a locus of power, but as a final institutional gateway that determines whether legislative outcomes can operate as governing standards of the state. When this role is clearly established, legislation ceases to be the product of political force and instead becomes a decision the state can sustainably bear.

To fulfill this function, the Upper Chamber is composed of a limited number of individuals drawn not from partisan political representation, but from senior leadership backgrounds in large enterprises who are capable of exercising judgment from a national governance perspective.

These participants do not serve to advance corporate interests. Rather, they perform a public role by contributing accumulated experience in management, organizational leadership, and crisis response to the final stage of state-level decision-making. The principle guiding the composition of the Upper Chamber lies not in scale or influence, but in discernment and disciplined responsibility oriented toward the state as a whole.

(2) Functions of the Upper Chamber

The function of the Upper Chamber is to examine and determine whether legislation and policy measures designed in the Lower Chamber and verified in the Middle Chamber have reached a stage at which they can operate as standards applicable to the state as a whole.

In this process, the Upper Chamber authorizes—on behalf of the state—whether the decision may be adopted as a governing standard of national administration.

At this stage, the Upper Chamber's judgment concerns whether the matter possesses sufficient legal validity to be incorporated into the state's institutional framework. Even when a proposal enters the legal stage through Upper Chamber authorization, this does not imply immediate implementation. The law subsequently undergoes additional processes of verification and social and institutional maturation.

If, during deliberation, the Upper Chamber determines that the existing proposal insufficiently reflects national standards, it may return the matter to the Lower Chamber with a request for supplementation. Additionally, where issues proposed by diverse actors—including corporate participants—are deemed to require legislative consideration, such matters may be transmitted to the Lower Chamber through Upper Chamber review for formal drafting and initiation.

(3) Financial Structure of the Upper Chamber

The costs associated with participation in the Upper Chamber are structured to be borne not by the state, but by the respective enterprises from which participants are drawn. This principle is intended to prevent additional fiscal burdens from arising in the course of legislative operations.

Through this financial structure, the state's fiscal obligations do not increase, while participation is naturally limited to a defined and restrained scope. Moreover, unlike existing arrangements in which legislators' remuneration and opera-

tional expenses are unilaterally imposed on public finances, the distribution of costs associated with legislative operations contributes to a reduction in unnecessary expenditures and entrenched privilege structures.
As a result, the Upper Chamber functions not as a position premised on authority or compensation, but as a forum in which individuals participate in public judgment and fulfill public responsibilities under clearly defined conditions.

2. The Middle Chamber — Verification, Accountability, and Legislative Referral

(1) Nature and Role of the Middle Chamber

The role of the Middle Chamber is to examine legislation and policy proposals designed in the Lower Chamber.At a higher and more deliberative level, it assesses whether legislation developed in the Lower Chamber can be applied in practice, whether it disrupts social balance, and whether it imposes excessive burdens or confers undue advantages on specific groups.
The Middle Chamber is composed of individuals participating in a public-service capacity from mid-sized and small enterprises. Each enterprise may designate one or two individuals to serve in the Middle Chamber as public-service participants.
Mid-sized and small enterprises are actors that most directly experience on-the-ground changes and subtle shifts within

society. Their experience and perspectives play a critical role in ensuring that legislation does not remain confined to abstract or desk-based logic, but remains aligned with social and operational realities.

(2) Functions of the Middle Chamber

The Middle Chamber functions as a verification body that examines whether legislation transmitted from the Lower Chamber can operate effectively within society. At this stage, it conducts a comprehensive assessment of whether the law can be implemented in practice, whether it undermines social balance, and whether it places disproportionate burdens on specific groups or industries.It also reviews the potential for unintended consequences that may arise during the legislative process.

Through this process of verification, legislation undergoes supplementation and adjustment. Depending on the outcome, proposals may be returned to the Lower Chamber for further design or transmitted to the Upper Chamber for subsequent consideration.

(3) Financial Structure of the Middle Chamber

As with the Upper Chamber, the costs associated with participation in the Middle Chamber are structured to be borne by the respective enterprises rather than by the state. Mid-sized and small enterprises participate under the same principles, regardless of scale, in accordance with shared standards of responsibility and public service.

Participation by corporate professionals in the legislature constitutes neither privilege nor power. It represents an institutionalized means through which social responsibility is exercised.

3. The Lower Chamber — Legislative Design, Initiation, and Agenda Review

(1) Nature and Role of the Lower Chamber

The Lower Chamber functions as the institutional stage at which legislative proposals are substantively designed and formally initiated.It is here that social problems are analyzed, institutional alternatives are organized, and the structure and provisions of legislation are systematically formulated.

The answer to the question "Where is law made?" is clear. The point at which the substance and form of law are first concretely articulated is the Lower Chamber. Accordingly, the Lower Chamber serves as the legislative design and initiation body responsible for organizing laws and policies required for state governance in forms suited to practical realities and advancing them into the legislative process.

The Lower Chamber is a forum in which the sovereign members of society participate and is composed of experts from diverse fields. Those who serve in the Lower Chamber are professionals engaged in substantive state work. Here, "state work" does not refer to the execution of administrative functions, but to the preparation and structuring of laws and institutions necessary for governance in legislative form.

(2) Functions of the Lower Chamber

The functions performed by these experts in the Lower Chamber are as follows. The Lower Chamber constitutes the stage at which societal problems are analyzed, institutional alternatives are designed, and legislative proposals are directly developed.

It is responsible for concretizing the content and structure of legislation, assessing its operational feasibility in real-world contexts, and refining proposals to a level suitable for submission into the formal legislative process.

Accordingly, the Lower Chamber is not a forum for the exchange of opinions or the expression of political positions, but becomes the working core of the legislature where the rules and institutions required for state governance are practically prepared.

(3) Financial Structure of the Lower Chamber

Under the tricameral system, public funds (tax revenue) are not expended uniformly across all chambers. State resources are concentrated in the Lower Chamber, where legislation is substantively designed and examined.

The Lower Chamber constitutes the initial stage at which experts from various fields participate in designing legislation and assessing its feasibility and social impact. This process presupposes public legitimacy and must remain independent from specific corporate or interest-based influences. Accordingly, state responsibility for funding professional activity in the Lower Chamber is not a privilege, but a necessary condition.

Through this structure, the Lower Chamber is insulated from external financial or organizational influence and can focus exclusively on legislation guided by public interest and the resolution of real-world problems. In this sense, public funding represents a minimal public investment necessary to secure both expertise and institutional independence.

Part III

A New Legislative System and the Transparency of Its Operation

Chapter 1

Reconfiguring the Legislative Flow

What now matters is how this structure operates in practice within the legislative process. No matter how sophisticated an institutional design may be, it remains vulnerable in real-world application if the flow of judgment and decision-making is not clearly defined.

This chapter examines how the tricameral legislature functions through successive stages—from the initiation of legislation to final authorization—by tracing the step-by-step linkage of judgment and procedure throughout the legislative process.

1. Step-by-Step Operation of the Tricameral Legislative Process

Within the new legislative structure, lawmaking proceeds through a clearly defined sequence:

Proposal

↓

Lower Chamber
(Design / Examination)

↓

Middle Chamber
(Review / Adjustment)

↓

Upper Chamber
(Final Authorization / Approval)

The core principle of this structure is that authority is distributed across the legislative process, while responsibility remains clearly assigned at each stage. Participation by enterprises and organizations is limited not to the exercise of power, but to the submission of proposals and the provision of professional service. All legislation is governed by a consensus principle requiring approval by no less than 70 percent.

Legislation begins in the Lower Chamber. There, experts from various fields convene to design legislative proposals and conduct thorough examinations of feasibility and potential issues.

Only proposals deemed sound and substantively justified in the Lower Chamber are organized and transmitted to the Middle Chamber. In other words, legislation is created in the Lower Chamber and advances upward to the Middle Chamber.

In the Middle Chamber, proposals undergo renewed scrutiny. At this stage, if the content is judged sufficient, the proposal proceeds to the next stage; if further refinement is required, additional research is requested and the proposal may be returned to the Lower Chamber.

Only proposals that pass review in the Middle Chamber advance to the final stage in the Upper Chamber. The Upper Chamber renders final authorization based on whether the decision can be responsibly upheld on behalf of the state as a whole.

Legislative proposals may also originate in the Upper or Middle Chambers. Even in such cases, proposals must be remanded to the Lower Chamber and subjected to the same design and review procedures before being formally introduced.

This principle ensures a consistent flow of legislative responsibility, regardless of the source from which a proposal originates.

2. Stability of the Legislative Accountability Structure and the Practicality of Parliamentary Operations

Established interest groups or cartels find it easier to intervene when legislative procedures are ambiguous. Where procedures lack clarity, decisions can be disrupted, delayed, or neutralized at the initial stage.

By contrast, when the flow of legislation and the structure of accountability are clearly defined, it becomes difficult to force decisions through at any stage. This is because records explicitly document who made which judgments, at what point, and under what responsibility.

This system does not operate through the power of particular groups; rather, the precision of procedure itself functions as a safeguard.

For structural reform of the legislature to operate in practical terms, the relationship between authority and cost must first be redesigned. The tricameral legislature clearly allocates responsibility for costs according to the nature of authority exercised at each stage.

The Upper and Middle Chambers neither design nor execute laws. Their roles consist of reviewing legislative outcomes, making adjustments, and rendering judgments of final responsibility. Accordingly, individuals participating at these stages do not occupy positions of state power, but serve in roles of shared responsibility and public service.The costs associated with their activities are borne not by the state, but by their respective enterprises.

By contrast, only the Lower Chamber—where substantive legislation is produced—receives public funding. This arrangement prevents public tax revenue from diffusing across the entire legislature and ensures that such funds are used exclusively for the core legislative function.

This structure is not designed merely to reduce the operational costs of parliament. Rather, it is intended to clearly delineate who decides, who bears responsibility, and who bears the associated costs. As a result, the legislature is transformed from a structure in which privilege and expenditure expand disproportionately into one characterized by a balanced and realistic alignment of function and responsibility.

Chapter 2

A New Legislative Standard — The 70 Percent Intra-Organizational Consensus Rule

Under the existing parliamentary system, legislation has often been passed swiftly on the basis of simple majority rule. Yet even when problems emerge after implementation, responsibility has tended to remain diffuse and unassigned. Laws are enacted, but no individual or body remains clearly accountable for their consequences.

In today's society—where knowledge and expertise are highly specialized and differentiated—legislative practices that rely on a narrow 51 percent majority can no longer reliably command public trust. Laws enacted under conditions of near-even division are prone to resistance and conflict during implementation, and the resulting social costs are ultimately borne by the public.

Accordingly, a new legislative structure requires standards that prioritize trust over speed, and a system in which responsibility continues beyond the moment of decision. The core standard proposed here is the 70 percent intra-organizational consensus rule.

Under this standard, laws are not produced merely through majority selection. Legislation is enacted only when a sufficiently broad share of organizational members agree and are prepared to collectively bear responsibility for the outcome. That threshold is set at 70 percent.

While a simple majority of 51 percent may be sufficient to reach a decision, it is insufficient to share responsibility for the consequences that follow. When opposition approaches nearly half of the decision-making body, conflict is easily left unresolved, and resistance and distrust are likely to recur during implementation.

By contrast, agreement at or above the 70 percent level signals that substantive deliberation and adjustment have taken place despite differences of opinion. This produces greater stability not merely at the moment of passage, but throughout subsequent phases of implementation and maintenance.

As societies grow more complex, the critical question is not how quickly decisions are made, but how many people can accept and sustain those decisions.

From this perspective, the 70 percent threshold represents neither an idealized unanimity nor a minimal majority that leaves conflict unresolved, but a realistic standard of social consensus.

This principle is not designed to make laws easy to enact, but to ensure that they endure over time. Accordingly, even when reconsideration is required, legislation returns to the formal process only after sufficient renewed agreement has been confirmed.

Chapter 3

Quality Control and Verification of Legal Implementation

1. The Principle Prohibiting Immediate Implementation

Under the tricameral legislature, the immediate implementation of all laws is, as a matter of principle, prohibited. Even after a law has been enacted, it should not be brought into force without sufficient verification of its potential social impact.

For example, a law authorized today is not implemented on the same day; instead, it is designed to enter into force only after a defined period of verification. This approach is not intended to slow legislative action, but to serve as a safeguard against error.

To institutionalize this principle, a three-year period of maturation and verification is applied once a law has entered the statutory framework. During this period, the law is continuously assessed for practical applicability, unintended conse-

quences, and broader social impact.
This process involves repeatedly confirming whether any critical elements may have been overlooked, even where the initial judgment was deemed sound. Only laws that successfully pass this verification phase proceed to final implementation.

2. The Reconsideration Mechanism in the Event of Identified Issues

If issues are identified during the maturation period, the law is automatically returned to the reconsideration stage. At this stage, renewed deliberation is conducted through mechanisms such as public deliberation forums, open calls for proposals, and, where necessary, referenda.
This is because law is not the property of experts alone, but a public decision that affects the lives of society as a whole.

3. Linking the Tricameral Structure to Responsibility for Implementation

The tricameral structure is designed not to end with legislative decision-making, but to ensure that judgment and responsibility remain continuous through to the stage of implementation.
From the stage of legislative design, the Lower Chamber examines whether a proposed system can function in practice, assessing both its effectiveness and feasibility of execution. The Middle Chamber reviews and adjusts legislation de-

signed in the Lower Chamber to determine whether it disrupts social balance or imposes excessive burdens or distortions in real-world conditions.

The Upper Chamber renders a final decision on outcomes that have passed through these processes, judging whether the resulting measures can be responsibly sustained as standards applicable to the state as a whole.

In this way, the tricameral legislative structure links the stages of legislative design, verification, authorization, and implementation into a continuous flow. While each stage does not substitute for the others, the structure ensures that at every point it remains clear who exercised which judgment and how those decisions progressed into subsequent outcomes.

When this structure functions properly, the legislature ceases to be a space characterized by rushed legislation or unilateral action. Instead, it operates as a mature legislative institution in which decisions and their consequences are clearly traceable and institutionally accountable.

We live in an era marked by an unprecedented pace of change. Transformations that once unfolded over a decade are now assessed within a single year and expected to be implemented within three. Yet reform is not achieved through slogans. It is possible only through research, institutional structure, and procedures grounded in responsibility.

Contemporary distrust in politics cannot be adequately explained by the question of which administration is in power. Decisions have accelerated, but responsibility for their consequences has become diffused or obscured, and the balance between authority and burden has steadily eroded. Although individual reform efforts have been repeatedly attempted, the foundational structure through which politics operates has remained largely unchanged.

The legislature is not merely a political symbol or a stage for conflict; it is the space in which the rules governing daily life are created. Because citizens' lives are concretely shaped through law and institutions, no policy can be sustainably realized in practice unless the structure of the legislature itself is properly aligned. This is why this book focuses not on individual actors or political parties, but on the design and operation of the legislature.

The tricameral legislature proposed here emerges from a structural inquiry into how lawmaking can function more stably through processes of design, verification, and judgment. It prioritizes the completeness of judgment over the speed of decision-making, and choices the state can responsibly sustain over short-term political advantage. Ensuring that responsibility does not disappear at any stage of this process is likewise a central principle of this structure. Such a structure transforms not only the role of the legislature, but also the standards applied to those who participate within it. The legislature is, at its core, a position of public service. If enterprises and society send capable individuals on the basis of honor, and those individuals serve the state for a defined period, the incentive to enter the legislature for the sake of power naturally diminishes. In its place, only those prepared to bear responsibility will seek participation.

This is the vision of leadership presented in this book: not rulers, but individuals who design and assume responsibility. When such a structure functions properly, society can advance to its next stage without excessive turmoil or noise. Politics does not exist to stand above the people. The legislature should not be a stage for power, but a structure of responsibility. The tricameral legislature proposed here is not a radical experiment, but a pragmatic design intended to restore politics to its responsibility for the lives of citizens. The restoration of politics to its proper place begins with collective awareness. As such change accumulates, the Republic of Korea can rise with a clear answer and move forward as a nation that contributes meaningfully to the international community.

REFORM OF THE POLITICAL SYSTEM

정치개혁

삼원제 국회 모델 설계

< 리포트(Report) >

정치개혁

삼원제 국회 모델 설계 보고서

Ⅰ. 보고 개요

1. 보고의 배경과 문제 인식

대한민국은 형식적으로는 민주주의 국가의 외형을 갖추고 있으나, 실제 국회 운영 현실은 반복적인 정치 혼란과 정책 불안정이라는 구조적 한계에 직면해 있다. 정권 교체와 선거가 반복되어도 사회적 갈등은 해소되지 않고, 오히려 정책의 단절과 제도적 불신이 누적되는 현상이 지속되고 있다.
이러한 문제는 특정 정당이나 정치인의 역량 부족에서 비롯된 현상이 아니라, 국회 운영 구조 자체가 현대 사회의 복잡성과 국가 운영 요구를 감당하지 못하는 설계적 한계에서 기인한 것으로 판단된다. 다시 말해, 문제는 '누가 국회에 들어가는가'가 아니라, 국회가 어떤 구조로 작동하도록 설계되어 있는가에 있다.

본 보고서는 이러한 인식에 기반하여, 인물 교체나 부분적 제도 개선을 넘어, 대한민국 국회의 입법 시스템을 근본적으로 개선하기 위해 중·장기 정치개혁 방안으로서 '삼원제 국회 모델'을 설계한다.

2. 보고서의 목적

본 보고서의 목적은 다음과 같다.

- 현행 국회 입법 시스템이 안고 있는 구조적 위기의 본질을 진단하고
- 정당 중심·단순 다수결 중심 입법 방식의 한계를 분석하며
- 기능과 책임을 기준으로 입법 과정을 재구성하는 삼원제 국회 모델을 제도적 대안으로 제시하고
- 이를 통해 정치의 안정성, 정책의 예측 가능성, 국민 신뢰 회복이라는 국가적 과제를 해결할 수 있는 구조적 해법을 제안하는 데 있다.

Ⅱ. 현행 국회 입법 시스템의 구조적 위기

1. 정당 중심 정치 구조의 기능 상실

현행 국회는 본래 정책 경쟁과 사회적 조정의 장으로 설계되었으나, 현실에서는 정당 간 권력 투쟁의 공간으로 변질되었다. 정당은 국민의 다양한 이해를 정책으로 조직·조정하는 기능보다, 권력 획득과 유지에 우선순위를 두는 조직 카르텔로 고착화되었다.

그 결과 국회에서는 다음과 같은 현상이 반복되고 있다.

- 정책은 국가 설계 수단이 아닌 정치적 공격 도구로 사용
- 협의와 조정 기능의 실질적 마비
- 장기 국가 과제에 대한 지속적 관리 실패

이러한 구조에서는 어떤 정치인이 국회에 진입하더라도, 시스템 자체가 정쟁을 재생산하는 방향으로 작동할 수밖에 없다.

2. 단순 다수결(51%) 중심 의사결정의 구조적 한계

현대 국가는 고도의 사회적 복잡성과 이해관계의 중첩 위에 작동한다. 그럼에도 불구하고, 현행 국회는 여전히 51% 다수결이라는 단순한 수치 기준에 기반하여 국가의 기본 규칙을 결정하고 있다.

이 방식은 다음과 같은 구조적 문제를 야기한다.

- 근소한 다수에 의한 법률 제정
- 정권 교체 시 정책의 급격한 변화
- 법률의 안정성과 예측 가능성 상실
- 사회적 합의 부족으로 인한 집행 단계의 저항 증가

결과적으로 다수결 중심 입법은 갈등을 종결하기보다 갈등을 제도적으로 고착화시키는 역할을 수행하고 있다.

3. 특권·비용 증가·불신의 악순환

국회의 입법 성과와 책임성이 약화될수록, 국회는 다음과 같은 악순환 구조에 빠져들었다.

- 권한과 특권은 확대
- 재정 부담은 국민에게 전가
- 성과 대비 책임은 불분명
- 정치 전반에 대한 국민 불신 심화

이 악순환은 개인 윤리나 정당 개혁만으로는 해소될 수 없는 시스템 차원의 문제로 굳어졌다고 판단된다.

Ⅲ. 대안 제시: 기능과 책임 중심의 삼원제 국회 모델

1. 기본 개념: 권력 분점이 아닌 기능 분리

삼원제 국회 모델은 전통적인 권력 분립 논리를 넘어, 입법 과정 자체를 기능 단위로 재설계하는 모델이다. 이는 국회의 권한을 나누는 것이 아니라, 입법이 만들어지는 과정을 논리적으로 분리하는 데 목적이 있다.

이를 통해 정치적 힘의 논리가 입법 전 과정을 지배하는 구조를 제도적으로 차단하고, 입법 품질과 책임성을 구조적으로 확보한다.

2. 삼원의 구성과 역할

삼원은 총 300명 정원을 유지하되, 구성 원리와 책임 구조를 근본적으로 재편한다. 각 원은 서로를 대체할 수 없으며, 단계별 책임이 명확히 구분된다.

구성비 (300명 기준)		주요 역할	비용
30% (90명)	상원 (Upper Chamber)	**최종 승인 및 법안 제안** 대기업이 거시 경제 관점 최종 승인 • 구성원: 대기업 인재	**기업 자체 부담**
30% (90명)	중원 (Middle Chamber)	**검증 및 책임의 중간자, 법안 제안** 기업이 현실성 검증 • 구성원: 중견·중소기업 인재	**기업 자체 부담**
40% (120명)	하원 (Lower Chamber)	**법안 설계와 발의, 안건 검토** 전문가와 시민 대표가 법안 설계 • 구성원: 사회단체 및 각 분야 전문가	**국고 지원** 전문성, 독립성 보장

< 삼원의 구성과 역할 >

3. 기업 참여의 제도적 전환: 로비에서 공적 봉사로

삼원제 모델은 기업의 국정 참여를 이해관계 개입이 아닌 책임 기반 공공 봉사로 재정의한다. 이는 기업 권력을 정치로 끌어들이는 방식이 아니라, 이미 사회를 운영하고 있는 책임 주체를 국가 시스템 안으로 투명하게 통합하는 방식이다.

Ⅳ. 새로운 입법 절차와 의사결정 기준

1. 단계별 입법 절차

모든 법안은 반드시 하원에서 설계되고, 중원에서 검증되며, 상원에서 최종 승인된다. 절차 생략이나 정치적 압축은 허용되지 않는다.

2. 70% 합의 원칙의 도입

51% 다수결을 대체하여, 충분한 사회적 조정이 이루어졌음을 의미하는 70% 합의 기준을 입법 승인 요건으로 설정한다.

3. 3년 숙성·검증 제도

법률은 즉시 시행되지 않으며, 3년간의 검증 기간을 거쳐 문제 발생 시 자동 재검토된다. 이는 입법 실패를 구조적으로 예방하기 위한 안전장치이다.

Ⅴ. 기대 효과 및 국가 비전

1. 정책 결정의 탈정치화와 책임 구조 정착

삼원제 국회 모델은 입법 과정을 설계·검증·승인의 기능으로 분리함으로써, 정책 결정 과정에서 정당 간 힘의 논리를 구조적으로 제어한다. 정책 판단의 근거와 책임 주체가 단계별로 명확히 구분되어, 입법 실패의 원인과 책임이 제도적으로 추적 가능해진다. 이에 따라 국회는 정쟁 중심 조직에서, 책임이 작동하는 정책 설계 기관으로 전환된다.

2. 정치·경제 시스템의 장기 안정성 확보

70% 합의 원칙과 숙성·검증 절차를 거친 법률은 정권 교체에 따른 급격한 정책 변동을 억제한다. 정책의 연속성과 예측 가능성이 확보되며, 이는 정치 불안정이 경제 불확실성으로 전이되는 구조를 차단한다. 삼원제 모델은 정치와 경제 전반의 구조적 안정성을 제도적으로 뒷받침한다.

3. 국민 주권의 실질적 복원

기능과 책임 중심으로 재편된 국회는 정당 카르텔과 개인 특권 구조를 약화시키고, 국회를 공적 책임 기관으로 재정의한다. 국민은 정치 갈등의 외부자가 아니라, 신뢰 가능한 제도 위에서 국가 운영을 위임한 주권자로 복귀한다. 국민 주권은 선언이 아니라, 작동하는 구조를 통해 실현된다.

4. 국가 비전: 갈등 관리에서 국가 설계로

삼원제 국회 모델은 갈등을 조정하는 정치에서, 미래를 설계하는 정치로의 전환을 의미한다. 대한민국은 제도를 수입하는 국가를 넘어, 입법 시스템을 설계하고 제시하는 국가로 도약할 수 있다.

VI. 결론

삼원제 국회 모델은 정치인을 교체하는 개혁이 아니라, 정치가 작동하는 구조 자체를 재설계하는 국가적 전환 전략이다. 이는 급진적 실험이 아니라, 반복된 실패를 경험한 사회가 선택할 수 있는 가장 현실적인 구조 개혁 방안이다.

REFORM OF THE POLITICAL SYSTEM

정치개혁

삼원제 국회 모델 설계

< 프리젠테이션 자료(Presentation Materials) >

REFORM OF THE POLITICAL SYSTEM

정치개혁

삼원제 국회 모델 설계

국민 주권을 바로 세우는 새로운 국회 운영 방식

Contents

I. 현실 진단

선거는 반복되지만

- 갈등은 해소되지 않음
- 정권 교체에도 정당 간 싸움 지속
- 비용과 피해는 국민에게 전가

근본적 질문

정치가 멈춰서가 아니라,
어떤 기준과 방식으로 작동하는가 에 대한
질문이 부족했습니다.

정당정치의 구조적 한계와 악순환

정당 정치의 한계가 만들어낸 구조적 문제입니다. 이 악순환을 끊지 않으면 어떤 개혁도 실패합니다.

정당 정치의 기능 상실

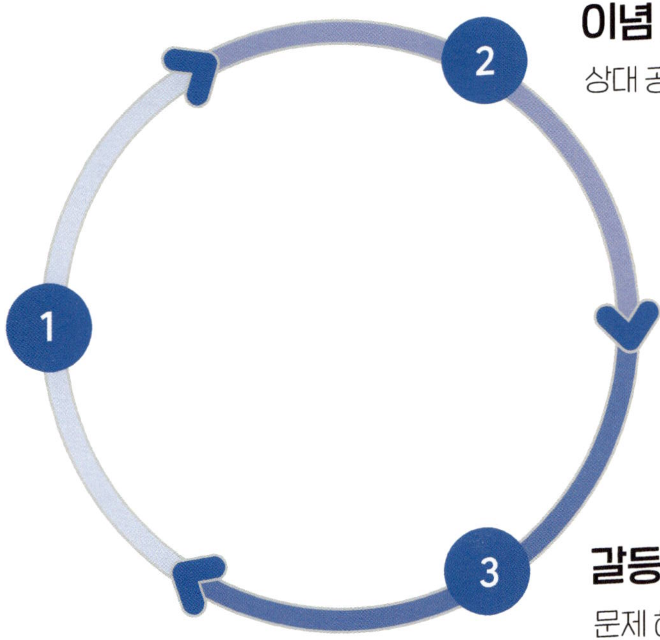

1 권력 획득에 집중

정책보다 권력 유지가 우선

2 이념 대립 심화

상대 공격 수단으로 변질

3 갈등 증폭 구조

문제 해결이 아닌 대립 반복

양당 중심 구조는 51% 다수결로 법을 밀어붙이며,
충분한 논의와 사회적 합의 없이 졸속 입법을 양산해왔습니다.

II. 구조 개편의 필요성

정권이나 인물을 바꾼다고 해결되지 않습니다.
국회가 작동하는 구조 자체를 근본적으로 재설계해야 할 시점입니다.

삼원제 국회: 두 가지 핵심 혁신

정당 정치의 한계가 만들어낸 구조적 문제입니다. 이 악순환을 끊지 않으면 어떤 개혁도 실패합니다.

기업 인재의 제도적 참여

대기업·중견·중소기업 인재가 봉사 형태로 참여하여 산업 현장의 경험과 전문성을 국가 운영에 환원합니다.

- 권력이 아닌 책임의 참여
- 이권이 아닌 공익의 기여
- 특혜가 아닌 봉사의 구조

상원·중원·하원 구조

설계–검증–판단의 기능을 분리하여, 결정 과정이 한 지점에 집중되지 않도록 만들어, 권력 집중, 갈등을 사전에 차단합니다.

- 하원: 법안 설계와 발의
- 중원: 검증 및 조정
- 상원: 최종 승인과 판단

정치와 경제의 관계 재정립

정치가 경제를 지배하거나 경제가 정치를 좌우하는 관계에서
공익이라는 동일한 목적 아래 유기적으로 작동하는 구조로 전환됩니다.

<기존 시스템>

이권과 거래의 결탁 구조
(정경유착)

→

책임의 결합, 역할 분담
(새로운 패러다임)

→

<삼원제 시스템>

공익 중심 제도적 협력
(新 정경유착)

삼원제 국회의 작동 원리 1. 구성 및 역할

"설계 – 검증 – 승인"의 과정을 기능적으로 분산시킴으로써 권력 집중과 오남용을 원천 차단함

구성비 (300명 기준)		주요 역할	비용
30% (90명)	상원 (Upper Chamber)	**최종 승인 및 법안 제안** 대기업이 거시 경제 관점 최종 승인 • 구성원: 대기업 인재	**기업 자체 부담**
30% (90명)	중원 (Middle Chamber)	**검증 및 책임의 중간자, 법안 제안** 기업이 현실성 검증 • 구성원: 중견 · 중소기업 인재	**기업 자체 부담**
40% (120명)	하원 (Lower Chamber)	**법안 설계와 발의, 안건 검토** 전문가와 시민 대표가 법안 설계 • 구성원: 사회단체 및 각 분야 전문가	**국고 지원** 전문성, 독립성 보장

삼원제 국회의 작동 원리 2. 70% 합의 원칙

다수당 횡포의 원천이었던 다수결 원칙에서 벗어나
각 원 구성원의 70%가 합의된 안(安)을 다음 단계로 보냄.

70% 이상 동의함

=

충분한 논의와 조정이 이루어짐

삼원제 국회의 작동 원리 3. 기준의 전환

얼마나 빨리,
얼마나 많이

기준 대상: 입법 수량

→

얼마나 많은 사람이
받아들일 수 있는가?

기준 대상: 사람, 실효성

삼원제 국회의 작동 원리 4. 입법 절차의 명확한 흐름

검증 후 시행은
속도를 늦추기 위함이 아니라
실수를 줄이기 위한 **안전장치**

안건 제안
상원, 중원, 하원에서 안건 제안

하원
- 제안된 안건 점검 및 법안 설계
- 70% 동의된 안건만 중원으로 발의됨

중원
- 하원에서 발의된 법안의 검토 및 조정
- 70% 동의된 안건만 상원으로 발의됨

상원
- 중원에서 발의된 법안의 검토 및 조정
- 70% 동의된 안건이 최종 승인됨

검증
- 최종 승인된 법을 3년간 검증 및 보완

시행
- 검증이 완료된 법이 실제로 시행됨

문제 발견 시
- 하원으로 회송하여 재검토
- 재검토 시 필요에 따라 국민 공론화, 공모전, 국민 투표 가능

III. 삼원제 국회 전환의 기대 효과

새로운 시스템의 설계로 고질적인 문제들을 해결할 수 있고,
나아가 글로벌 사회를 선도하는 국가로 발돋움할 수 있습니다.

정당 카르텔의 종식

책임과 기능의 분산으로,
삼원제 국회 시스템에서는 더이상
정당이 국가를 지배할 수 없습니다.

정당이 사라진 자리에
책임있게 역할을 다하는 상원, 중원, 하원이 자리합니다.

이로써 국회는
사회의 다양한 의견을 정책으로 정리해 제안하는
본래의 역할로 돌아갑니다.
국회를 지배하는 주체가 아닌,
정책을 제시하는 참여자로 자리매김합니다.

국민 주권의 실질적 회복

국가는 국민의 것

어떤 조직도, 어떤 집단도 국가 위에 군림해서는 안 됩니다.
삼원제 국회는 국민이 나라를 방치하는 구조가 아니라,
함께 연구하고, 함께 설계하며, 함께 책임지는 구조입니다.

봉사직 국회의 실현

명예로운 참여

기업은 명예를 걸고 인재를 보내고, 인재는 국가를 위해 봉사합니다.

권력 추구 차단

권력을 얻기 위해 국회에 들어올 이유가 사라집니다.

책임 중심 구조

책임을 감당할 준비가 된 사람만이 참여하게 됩니다

미래 지도자상의 전환

지배하는 사람이 아닌 **설계하고 책임지는 사람**

삼원제 국회가 제시하는 새로운 리더십의 모습입니다.

- 전문성을 바탕으로 설계
- 현장 경험으로 검증
- 국가 관점에서 판단
- 결과에 대해 책임

실행을 위한 로드맵

사회적 공감대 형성

삼원제 필요성에 대한 국민적 이해와 지지 확보

법제화 준비

헌법 개정 및 관련 법률 정비 작업

인재 풀 구축

참여 기업 및 전문가 네트워크 형성

시범 운영

일부 위원회 또는 특정 분야 시범 적용

전면 시행

삼원제 국회 정식 출범 및 안정화

글로벌 의회 모델로의 발전

대한민국의 삼원제 국회는 특정 국가의 제도를 넘어,
의회가 어떻게 책임 있게 작동할 수 있는지를 보여주는 국제적 참고 사례가 될 수 있습니다.

1단계: 국내 도입
삼원제 국회 시스템 도입 및 안정화

2단계: 검증
운영 경험 축적 및 효과 분석

3단계: 모델화
국제사회에 참고 가능한 사례로 정립

4단계: 기여
글로벌 의회 개혁 논의에 기여

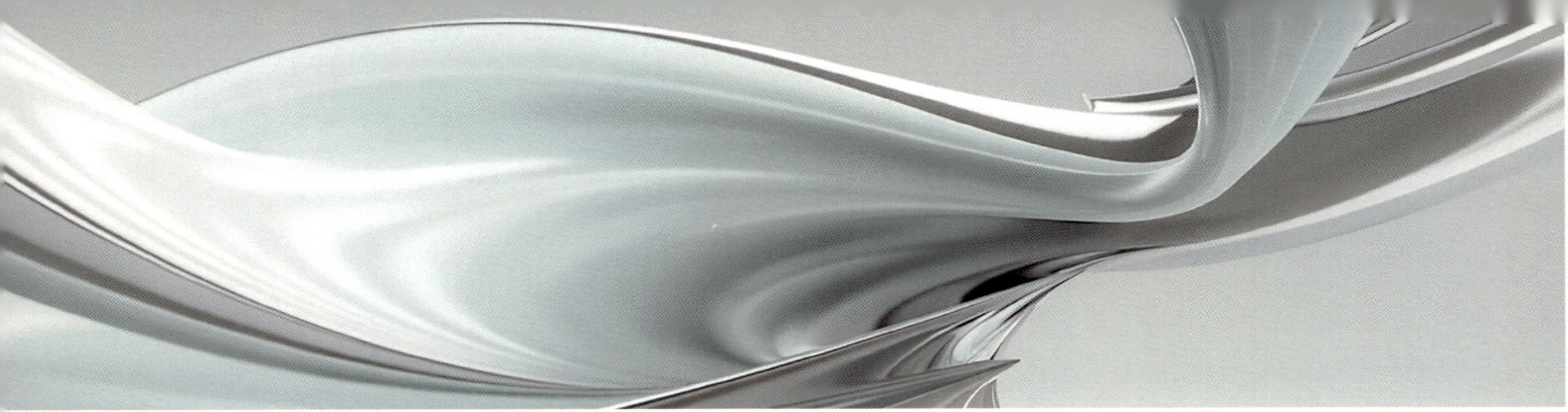

Ⅳ. 맺음말

삼원제 국회는 급진적 실험이 아닙니다.
정치가 다시 국민의 삶을 책임지게 하기 위한
가장 현실적인 설계입니다.

변화의 시작은 인식의 전환

개혁은 선택이 아니라 대한민국이 감당해야 할
성숙한 사회로서의 책무입니다.
구조가 바뀌지 않으면 정치는 반복되고
혼란은 누적될 뿐입니다.

정치가 제자리를 찾는 일은
어느 한 집단의 과제가 아니라, 이 사회를 살아가는
우리 모두의 인식에서 시작됩니다.
그 변화가 축적될 때,
국가는 비로소 다음 단계로 나아갈 수 있습니다.

THANK YOU

정치개혁 – 삼원제 국회 모델 설계

2025년 12월 25일 초판 1쇄 발행

말한이 천공
기 획 신경애
함께한 사람들 이지은, 김진성, 고은희

발행처 주식회사 정법시대
등록번호 제 2017-000022 호
주소 경기도 화성시 동탄대로9가길 23, A동 633호
전화 02 - 2272 - 1204
E-mail jungbub2013@jungbub.com
Homepage www.jungbub.com
YouTube www.youtube.com/jungbub2013

ISBN 979 - 11 - 89546 - 52 - 6(04300)
ISBN 979 - 11 - 89546 - 51 - 9(SET)